Dieses Buch
gehört

Die Deutsche Bibliothek – CIP-Einheitsaufnahme

Meine allerersten Kinderbibel / erzählt von Bernhard Meuser. Ill.
von Alfred Neuwald. – Augsburg: Pattloch, 1994
ISBN 3-629-00639-6

Pattloch Verlag, Augsburg

Satz: Cicero Lasersatz GmbH, Augsburg
Druck und Bindung: Appl, Wemding
Printed in Germany
ISBN 3-629-00639-6

Gedruckt auf chlorfrei oder elementar chlorfrei gebleichtem Papier.

Meine allererste Kinderbibel

erzählt von
Bernhard Meuser

und illustriert
von Alfred Neuwald

Pattloch Verlag

Die Erschaffung der Welt

Am Anfang der Welt, vor vielen Millionen Jahren, gab es nichts, aber auch gar nichts: keinen Grashalm, keinen Vogel, nicht mal ein Sandkorn. Da gab es nur Gott allein. Gott sagte zu sich: Jetzt mache ich etwas, das ich so richtig lieb haben kann, etwas ganz

Schönes. Und „schwupp" – machte er die große, weite Welt. An einem Tag das Meer. Am nächsten das feste Land und die Berge. Dann die Tiere. Dann die Blumen. Und zuletzt die Menschen. Da freute sich der liebe Gott. Es war ihm nämlich alles ganz wunderbar gelungen. Er freute sich an den silbernen Schuppen der Fische und dem kuscheligen Fell der Bären, an der stolzen Mähne des Löwen und den hellen Augen der Menschen. Und er hatte alles richtig lieb.

Die Arche des Noah

Die Menschen benahmen sich schlecht in der schönen Welt, die Gott für sie gemacht hatte. Sehr schlecht sogar. Sie klauten, logen und hauten sich. Das sah Gott; und er wurde sehr traurig. Gott schickte einen großen Regen. Und alle Bösen ertranken darin. Nur Noah wurde gerettet, weil er ein guter und gerechter Mann war. Gott hatte ihm gesagt: Bau dir eine Arche, ein großes Schiff! Geh mit deiner Familie in dieses Schiff. Nimm von allen Tieren auf der Erde je ein Paar mit. So geschah es. Noah baute

die Arche – und der große Regen kam. Alle Bösen ertranken. Noah aber und die Tiere schwammen auf dem großen Wasser bis der Regen aufhörte und sie wieder an Land gehen konnten.

Die Babylonier bauen einen Turm

In Babylon lebten Menschen, die äußerst geschickt waren. Sie konnten fast alles, und sie waren überaus stolz. Einige von ihnen sagten: „Wir sind fast so gut wie der liebe Gott!“ – „Pah, noch besser sogar!“ sagten die anderen. Und sie beschlossen einen riesigen Turm zu bauen – bis in den Himmel hinein. Sie bauten und bauten und bauten. Der Turm wurde riesig und die Babylonier immer frecher zu Gott. Gott aber schüttelte den Kopf über diese dummen Menschen; und er brachte ihre Sprache durcheinander, so

daß beim Turmbauen einer den anderen nicht mehr verstehen konnte. Da blieb der Turm unfertig. Und alle, die vorüberkamen, sagten: „So geht es einem, wenn man so gut wie der liebe Gott sein will!“

Der Auszug aus Ägypten

Die Ägypter waren harte und grausame Menschen. Einmal hielten sie das kleine Volk der Israeliten gefangen. Die Ägypter zwangen die Israeliten zu schwerer Arbeit und gaben ihnen nicht einmal genug zu essen. Das sah Gott und er hatte großes Mitleid mit den armen Leuten. Darum flüsterte er Mose, dem Anführer der Israeliten ins Ohr: Zieht heute nacht weg aus Ägypten! Ich werde euch beschützen, wenn euch die Ägypter verfolgen. So tat es Mose mit seinen Leuten. Und als sie an ein großes Meer kamen und hinter sich schon die wilde Schar

der ägyptischen Reiter sahen, da öffnete Gott durch ein Wunder das Meer. Links war eine Wand aus Wasser. Und rechts war eine Wand aus Wasser. Die Israeliten aber schritten mitten durch die Wellen. Und ihre Füße wurden nicht einmal naß. Als aber die zornigen Ägypter hinter den Israeliten herstürzten, da ließ Gott die Wasser wieder fluten. Und alle Bösen ertranken.

David und Goliath

Gott half den Leuten von Israel. Einmal mußten sie gegen die riesigen Philister kämpfen. Die waren viel stärker als sie. Sie sagten sich: „Wir haben solche Angst!“ Da schickte Gott einen Riesenmut in den Kleinsten der Israeliten, in David. David sagte: „Ich werde kämpfen gegen die Philister und werde den Goliath, ihren Stärksten besiegen!“ Da lachte der großmächtige Goliath und ganz Israel fürchtete sich noch mehr. Aber David, der nicht einmal ein Schwert besaß, besiegte den Goliath. Und zwar mit seiner Steinschleuder. Wie ein Baum fiel der Riese um. Da jubelten die Israeliten.

David aber sagte zu sich:
„Danke, Gott, wenn du bei
mir bist, habe ich
vor niemand
Angst!“

Jona und der Walfisch

Wenn Gott den Menschen in Israel etwas sagen wollte, suchte er sich meistens jemand aus und machte ihn zum Propheten – das heißt: zu seinem Boten. So ging es auch mit Jona. Eines Tages hörte Jona die Stimme Gottes. Sie sagte: „Jona, sei mein Prophet und richte den Leuten in Ninive aus, was ich über sie denke!“ Aber Jona war ein ganz schlechter Prophet. Er hatte nämlich Angst und haute

einfach ab. Jona stieg auf
ein Schiff und fuhr davon.
Gott aber schickte einen
mächtigen Sturm und einen
Walfisch. Der schluckte den
Jona. Drei Tage und drei Nächte
blieb Jona im Bauch des Fisches.
Dort besann sich Jona. Und er schämte sich,
daß er vor Gott davongelaufen war.
Der Fisch spuckte ihn ans
Ufer aus. Und Jona
ging nach Ninive und
wurde ein richtig guter
Prophet.

Jesus wird geboren

Weil Gott die Menschen so gerne hatte, machte er ihnen eines Tages ein ganz großes Geschenk: Er schickte ihnen seinen Sohn. Ein ganz armes und junges Mädchen – es hieß Maria – durfte ihn zur Welt bringen. Maria konnte dem Baby nicht einmal ein schönes Haus und ein warmes Bettchen bieten. Sie mußte damals gerade eine große Reise in die Stadt Betlehem unternehmen. Als sie spürte, das Kind kommt, suchte sie in allen Hotels nach einem Zimmer. Aber überall wurden sie und ihr Mann Josef weggeschickt. Da gingen sie in ihrer Not hinaus auf das Feld. Maria und Josef fanden eine kleine Hütte. Darin stand eine Futterkrippe, aus der Ochs und Esel sonst ihr Heu fraßen. Da hinein legte Maria ihr Kind. Und Ochs und Esel kamen, um es mit ihrem Atem zu wärmen.

Gott spricht zu den Hirten

In der Nacht, in der Jesus geboren wurde, waren Hirten draußen auf dem Feld. Sie paßten auf ihre Schafe auf. Und sie wußten von nichts. Da plötzlich brach der Himmel über ihnen auf. Licht zerteilte die Nacht und eine wunderbare Musik erfüllte die Luft. Die Hirten fürchteten sich sehr. Im Licht erschienen Engel, und einer sprach zu ihnen:

„Habt keine Angst, ihr Hirten! Ich verkünde euch eine große Freude. Heute ist euch hier in Betlehem der Retter geboren, der Herr von euch allen. Geht nur und sucht ihn! Wenn ihr ein Kind in einer Futterkrippe findet, wißt ihr: Er ist es!" Und während sie dies hörten, kamen immer mehr Engel, so daß der Himmel voll war von ihnen und ihrem schönen Gesang. Da brachen die Hirten auf und suchten. Tatsächlich: Sie fanden den kleinen Jesus. Und sie erzählten Maria und Josef, welch seltsame Dinge ihnen der Engel von dem Kind gesagt hatte. Da waren sie miteinander sehr froh. Sie schauten auf das Kind in der Krippe; und sie jubelten und dankten Gott.

Die Heiligen Dreikönige

Zur selben Zeit, als in Betlehem Jesus geboren wurde, ging im Morgenland ein wunderbarer Stern auf. Drei sehr kluge Könige sahen diesen Stern. Sofort sattelten sie ihre Kamele, um ihm zu folgen. Denn sie wußten: „Wenn ein solcher Stern am Himmel erscheint, ist irgendwo ein großer König geboren.

Der Stern jedoch führte sie nicht

zu einem strahlenden Königspalast. Wohin aber dann? Er führte sie geradewegs zu der schmutzigen Viehhütte, in der der kleine Jesus geboren worden war. Da der wunderbare Stern nun aber nicht weiterzog, stiegen die Könige von ihren Kamelen, verneigten sich tief vor dem Kind in der Krippe und brachten ihm ihre Gaben dar: funkelndes Gold, duftenden Weihrauch und feine Myrrhensalbe.

Der kleine Jesus im Tempel

Als Jesus zwölf Jahre alt war, nahmen ihn seine Eltern mit zum Osterfest in die Hauptstadt Jerusalem. Dort war der größte Tempel des ganzen Landes. Die vornehmsten Priester und klügsten Männer von Israel lehrten dort und dienten Gott. Als die Festtage vorüber waren, machten sich die Eltern Jesu wieder auf den Weg nach Hause zurück. Aber wo war Jesus? Maria und Josef suchten ihn überall, schließlich sogar in Jerusalem. Nach drei Tagen fanden sie ihn endlich. Der kleine Jesus war mitten im Tempel – und um ihn herum standen die schlausten Männer von Israel. Sie alle staunten, weil Jesus Dinge wußte, die sie selbst noch nicht kannten. Maria und Josef aber schimpften mit Jesus und sagten: „Warum hast du nur sowas gemacht?" Doch Jesus sagte: „Habt ihr vergessen, daß ich das Kind vom Vater im Himmel bin? Der Tempel hier ist das Haus meines Vaters. Hier muß ich sein."

Jesus findet Freunde

Petrus und sein Bruder Andreas waren Fischer, sehr gute sogar. So kunstvoll warfen sie ihr Netz, daß sie es kaum ins Boot gezogen bekamen vor lauter zappelnden Fischen. Jesus stand am Ufer und sah das. Er rief: „He, ihr Fischer. Kommt mit! Ich zeige euch, wie man ein Menschenfischer wird.“ Petrus und Andreas schauten sich an, denn sie

wußten nicht, was Jesus damit meinte: Menschen fischen. Jesus lachte: „Ja, das könnt ihr noch nicht verstehen. Stellt euch vor: Gott ist wie ein Fischer. Und wir Menschen in der Welt sind wie die Fische im Wasser. Gott möchte alle Menschen für sich einfangen, damit sie in seiner Nähe glücklich werden und verstehen, wie gut er es mit ihnen meint. Wollt ihr ihm dabei helfen?“ Petrus und Andreas fanden das prima.

Und sie zogen mit Jesus los.

Der kleine Zöllner Zachäus

Zachäus war ein Zöllner. Das heißt: Sein Beruf war es, an der Grenze des Landes zu sitzen und Geld von den Menschen zu verlangen, wenn sie in das Land einreisen wollten. „Blöde Zöllner!" sagten die Leute; und sie verachteten Zachäus. Aber Zachäus hatte ein gutes Herz. Und auch er wollte ein Freund von Jesus sein. Weil er aber so klein und unbeliebt war, ließen ihn die anderen nicht heran. Da stieg Zachäus auf einen Maulbeerbaum und winkte Jesus. Jesus sah ihn; und er sah in sein gutes Herz. Er rief: „Zachäus, steig herunter! Ich will heute dein Gast sein und in deinem Haus übernachten." Da ärgerten sich die anderen. Jesus aber sagte: „Ich komme nicht nur zu den Großen und zu denen, die alle gern haben. Ich komme auch zu den Kleinen und Unbeliebten. Zachäus ist mein Freund."

Die Heilung der zehn Aussätzigen

Einmal kamen zehn aussätzige Männer zu Jesus. Ihre Körper waren voll von stinkenden, schmerzenden Wunden. Keiner konnte sie gesundmachen. Und sie weinten und klagten

sehr und riefen: „Jesus, schau uns arme Leute an! Kannst du uns nicht helfen?" Jesus hatte großes Mitleid mit ihnen. Er half ihnen. Und während sie noch weggingen, spürten sie, wie die Wunden an ihren Körpern heilten und ihre Haut gesund und schön wurde. Sie lachten, tanzten und freuten sich. Und sie vergaßen den, der sie heilgemacht hatte. Denn nur einer von ihnen kehrte zu Jesus zurück, um sich zu bedanken.

Die Geschichte vom guten Vater

Einmal erzählte Jesus diese Geschichte: Ein reicher und guter Vater hatte zwei Söhne. Eines Tages sagte der eine; „Vater, gib mir jetzt das Geld, das mir gehört, wenn du stirbst. Zuhause ist es langweilig." Traurig gab ihm der Vater das Geld, und der Sohn ging fort. Bald hatte er das ganze viele Geld für dumme Sachen zum Fenster hinausgeworfen. Als er nicht mehr wußte, was er essen sollte, wurde er ein Schweinehirt und ernährte sich von dem, was sonst die Tiere fraßen. Da dachte der Sohn wieder zuhause. Und er beschloß heimzukehren, um seinem Vater all das Schlimme zu sagen, was er getan hatte. „Vater", so wollte er sagen, „ich bin nicht mehr wert dein Sohn zu sein." In großer Angst machte er sich auf den Weg. Als ihn aber sein Vater von ferne sah – da hatte er Mitleid. Er nahm ihn in die Arme und sagte:

„Wie freue ich mich, daß du wiedergekommen bist! Kommt alle her – wir feiern ein großes Fest!“ Diese Geschichte erzählte Jesus. Und er sagte noch: Seht, so geht es euch allen. Ihr werdet weglaufen von Gott und viele schlimme Dinge tun. Aber wenn ihr eure Sünde einseht und zum Vater zurückkommt, wird er euch in die Arme nehmen. Und es wird ein Fest sein für alle.

Der barmherzige Samariter

Ein liebevoller Mensch zu werden – das ist gar nicht so einfach: Wie es geht, erzählte Jesus einmal in einer kleinen Geschichte: Ein Mann ging von Jersulam nach Jericho und fiel unter die Räuber. Die plünderten ihn aus und ließen ihn halbtot liegen. Der erste, der auf dem Weg daherkam, sah ihn – und ging vorüber.

Auch der nächste, der ihn sah, ging weiter. Erst der dritte, der vorüberkam, hörte auf sein Herz. Er kniete sich hin zu dem armen Mann und verband ihm seine Wunden. Dann hob er ihn auf sein Reittier und brachte ihn zu Leuten, die ihn gesundpflegten. „Seht ihr", sprach Jesus, „so geht das, wenn ihr lernen wollt gut zu sein. Dann dürft ihr nicht nur lieb zu denen sein, die eure Freunde sind. Dann müßt ihr die Augen aufmachen für alle Menschen, die euch begegnen und die in Not sind …"

Die Stillung des Seesturmes

Als Jesus einmal mit seinen Jüngern über den See Genesaret fuhr, kam ein großer Sturm auf. Die Wellen türmten sich auf wie Berge. Und Wasser schwappte in das schaukelnde Boot. Da fürchteten sich die Jünger sehr. Aber was machte Jesus? Jesus schlief. Hinten im Boot lag er auf einem Kissen. Eilig rüttelten ihn die Jünger wach. Sofort stand Jesus auf und befahl dem Sturm: „Sei still!“ Der Sturm gehorchte. Da staunten die Jünger, daß ihr Meister sogar stärker als der Sturm war. Jesus aber sagte: „Liebe Freunde, warum hattet ihr Angst? Ich glaube, ihr habt doch kein richtiges Vertrauen zu mir. Verlaßt euch auf mich und ihr werdet vor nichts auf der Welt mehr Angst haben!“

Fünf Brote und zwei Fische

Viele, viele Menschen kamen, um Jesus zu hören. Einmal wurde es Abend darüber und Tausende waren noch immer da. Die hatten großen Hunger. „Gebt ihr ihnen zu essen!" sagte Jesus zu seinen Jüngern. Da schüttelten sie den Kopf und murrten: „Wie sollen wir denn das Brot für sovieltausend Leute herkriegen?" – „Seht nach, was da ist!" sagte Jesus. Da brachten sie einen kleinen Jungen, der hatte fünf Gerstenbrote und zwei Fische dabei. „Bitteschön –", sagte der Junge. Jesus segnete die Brote und die Fische. Die Jünger verteilten und wurden nicht fertig zu verteilen, denn Brot und Fisch hörten nicht mehr auf. Und all die vielen Leute wurden satt von dem, was der kleine Junge hergeschenkt hatte: fünf Gerstenbrote und zwei Fische.

Die Geschichte vom verlorenen Schaf

Einige Leute wunderten sich, daß Jesus nicht nur mit braven und guten Leuten redete, sondern auch mit richtigen Bösewichtern. „Ich will es euch erklären", sagte Jesus. „Denkt mal an einen guten Hirten. Wenn dem ein einziges seiner hundert Schafe verlorengeht – was macht er dann? Er läßt die neunundneunzig stehen und sucht das eine. Und wenn er es gefunden hat – wie glücklich ist er dann!" Da nickten die Leute.

Und Jesus sagte: „So mache ich es auch. Ich gehe einem jeden einzelnen von den Schlechten und Verlorenen nach. Und wenn er wieder zurückfindet und gut wird, dann freut man sich im Himmel mehr darüber, als wenn ihr neunundneunzig Braven eurer ganzes Leben lang brav bleibt."

Das Letzte Abendmahl

In der Nacht, bevor Jesus am Kreuz sterben mußte, versammelte er seine zwölf besten Freunde um sich. Jesus sagte: Jetzt wollen wir ein letztes Mal miteinander essen; und wenn ihr euch später an dieses Essen erinnert, werdet ihr vieles verstehen.

Sie saßen also zusammen – Jesus und die Zwölf – und Jesus nahm das Brot, brach es und sprach: Seht, das ist mein Leib, der gebrochen wird für euch. Und Jesus nahm den Kelch und sprach: Seht, das ist mein Blut, das vergossen wird für euch. Die Jünger aßen und tranken. Und sie verstanden nicht, was Jesus ihnen damit sagen wollte.

Jesus stirbt am Kreuz

Unter denen, die mit Jesus gegessen hatten, war einer, der hieß Judas. Judas aber war kein Freund, sondern ein Verräter. Für Geld verriet er Jesus, den besten aller Menschen, an Leute die ihn haßten und töten wollten. So kam es, daß Jesus in die Hände der Bösen fiel. Sie schlugen ihn, spuckten ihn an und führten ihn schließlich vor die Stadt, um ihn

an ein Holzkreuz zu schlagen. So töteten sie Jesus. Die Sonne verfinsterte sich, die Erde bebte und der Vorhang des Tempels zerriß von oben bis unten. Es war der schlimmste Tag, seit Gott die Welt erschaffen hatte.

Gott ist stärker als der Tod

Als Jesus tot war, legte man ihn in eine Grabhöhle. Vor den Eingang rollte man einen dicken, dicken Stein. Drei Tage später – ganz früh am Morgen – kamen gute Freundinnen von Jesus, um nach dem Grab zu sehen. Aber was sahen sie? Der Stein war weggewälzt und das Grab war leer. Da erschraken die Frauen fürchterlich. Aber ein Engel war da; der sprach: „Habt doch keine Angst! Jesus ist nicht hier. Gott hat ihn aus dem Tod herausgeholt. Jesus lebt! Rennt zu den Jüngern und sagt es ihnen!“

Da liefen die Freundinnen von Jesus ganz schnell zu den anderen und berichteten ihnen, was sie gehört und gesehen hatten. Und es dauerte nicht lange, da kam der auferstandene Jesus selbst und zeigte sich denen, die ihn gern hatten.

Die Jünger empfangen den Heiligen Geist

Und dann kam der Pfingsttag, an dem etwas ganz Besonderes geschah. Die Jünger Jesu saßen in einem Haus in Jerusalem beieinander, als plötzlich ein Brausen vom Himmel die Luft erfüllte. Feuerzungen fielen vom Himmel herunter. Sie kamen auf einen jeden von den Jüngern herab und erfüllten sie mit Stärke, Kraft und mächtiger Freude. Sofort liefen sie hinaus. Draußen waren Menschen aus vielen Sprachen und Nationen. Die Jünger sprachen sie in ihrer eigenen Sprache an. Und die Leute fragten: „Wie geht das?" – „Wundert euch nicht, ihr Leute", sagten die Jünger: „Jesus hat die Kraft Gottes, den Heiligen Geist, auf uns herabgeschickt. Kommt auch ihr und glaubt an Gott, der Jesus von den Toten auferweckt hat!" Damals, an Pfingsten, wurden viele von denen, die es gesehen hatten, Christen.

Als Jesus von seinen Freunden weggegangen war, um wieder bei seinem Vater zu sein, hatte er ihnen etwas ganz Wichtiges gesagt: „Geht in alle Welt und sucht Menschen, die an mich glauben wollen. Und wenn ihr sie gefunden habt, dann tauft sie im Namen des Vaters und des Sohnes – das bin ich – und des Heiligen Geistes. Und sagt ihnen: Sie sollen so handeln, wie ich es euch gezeigt habe." Das machten die Jünger. Und darum werden heute noch Menschen getauft, damit sie zur Gemeinschaft der Christen gehören.